Bibliografische Information der Deutschen Nationalbibliothek:

Die Deutsche Bibliothek verzeichnet diese Publikation in der Deutschen National-
bibliografie; detaillierte bibliografische Daten sind im Internet über http://dnb.d-
nb.de/ abrufbar.

Impressum:

Copyright © 2014 GRIN Verlag, Open Publishing GmbH
Druck und Bindung: Books on Demand GmbH, Norderstedt Germany
ISBN: 978-3-656-67541-9

Dieses Buch bei GRIN:

http://www.grin.com/de/e-book/274598/planung-und-durchfuehrung-einer-ferien-
freizeit-fuer-kinder-und-jugendliche

Ivo Geert Mathis

Planung und Durchführung einer Ferienfreizeit für Kinder und Jugendliche

GRIN Verlag

GRIN - Your knowledge has value

Der GRIN Verlag publiziert seit 1998 wissenschaftliche Arbeiten von Studenten, Hochschullehrern und anderen Akademikern als eBook und gedrucktes Buch. Die Verlagswebsite www.grin.com ist die ideale Plattform zur Veröffentlichung von Hausarbeiten, Abschlussarbeiten, wissenschaftlichen Aufsätzen, Dissertationen und Fachbüchern.

Besuchen Sie uns im Internet:

http://www.grin.com/

http://www.facebook.com/grincom

http://www.twitter.com/grin_com

Planung und Durchführung
einer Ferienfreizeit
für Kinder und Jugendliche

Inhaltsverzeichnis

Einleitung

Dieses Buch ist ein Ratgeber zur Planung und Durchführung von mehrtägigen Ferienmaßnahmen für Kinder und Jugendliche. Es eignet sich besonders für Jugendleiter die auf diesem Gebiet noch keine oder wenige Erfahrungen haben. Im ersten Teil wird die Organisation einer solchen Fahrt Punkt für Punkt geschildert. Auch unsere Lieblingsspiele findet ihr dort.

Im zweiten Teil gibt es einige Tipps für die Zeit während der Fahrt. Am Schluss gibt es noch einige Kopiervorlagen, die die Planung erleichtern.

Dieses Buch basiert auf unseren Erfahrungen die wir in der Jugendarbeit gesammelt haben und wird mit Wissen unterfüttert, dass wir anschließend in unseren verschiedene Ausbildungen erworben haben.

I) Planung der Maßname

Wer eignet sich zum Jugendleiter?

Rein gesetzlich gibt es keine klare Regelung wer sich zum Gruppenleiter eignet. Wir empfehlen allerdings, dass die Jugendleiter mindestens sechzehn Jahre alt sind und möglichst eine Gruppenleiterschulung (Juleica) absolviert haben. Auch Erfahrungen beim Leiten von Gruppenstunden sind ratsam. Mindestens ein Teammitglied sollte das achtzehnte Lebensjahr vollendet haben, um Verträge unterzeichnen zu können.

Terminsuche

Für die Suche eines passenden Termins ist folgendes zu beachten:

- Wann haben ALLE Leiter Zeit? In den Ferien ist es wichtig darauf zu achten, dass sowohl Schulferien, als auch Vorlesungsfreie Zeit sind. Nur so können Schüler und Studenten als Leiter mit fahren. (ACHTUNG: Auszubildende und Angestellte haben ein Recht auf Sonderurlaub für solche Fahrten. Für die genauen Regelungen, hierfür siehe unter dem Punkt „Sonderurlaub")
- Ihr solltet darauf achten nur ganze Wochen (z.B. Sonntag bis Sonntag nicht Mittwoch bis Mittwoch) zu fahren. Dadurch bleibt den Familien die Möglichkeit selber noch mit ihren Kindern in den Urlaub zu fahren.

Wenn die Fahrt in den Sommerferien stattfinden soll, ist es daher sinnvoll die ersten die mittleren oder die letzten zwei beziehungsweise drei Wochen zu fahren.

Werbung

Genügend Teilnehmer für eine Ferienfreizeit zu finden wird immer schwieriger. Die Fahrten sind, bedingt durch die steigenden Häuserpreise, in den letzten Jahren zwangsläufig teuerer geworden. Diese Teilnehmerbeiträge sind von immer weniger Familien aufzubringen. Die Konkurrenz unter den diversen Anbietern von Ferienfahrten ist stark gestiegen. Daher ist eine gute Werbung ein wichtiger Bestandteil für eine erfolgreiche Maßname.

Dafür ist es zunächst einmal wichtig sich zu informieren, welches Angebot andere Organisationen in der Nähe anbieten. Es ist sinnvoll sich abzusprechen, um nicht zur gleichen Zeit fahren zu wollen. Sollte dies nicht möglich sein, solltet ihr versuchen preislich unter den anderen zu bleiben.

Die beste Werbung ist die „Propaganda", also das persönliche ansprechen der gewünschten Zielgruppe. Am besten funktioniert, dass natürlich wenn ehemalige Teilnehmer für euch bei ihren Freunden werben. Plakate und Handzettel sollten allerdings zusätzlich zum Einsatz kommen. Auch Einträge in regionalen Zeitungen solltet ihr nutzen. Die Bedeutung von Werbung im Internet, zum Beispiel auf der Gemeinde- oder Vereinshomepage und bei Facebook wird zunehmend mehr.

Die Werbung sollte so gestaltet sein, dass sie zum Beispiel durch Grafiken aus dem Wust von Plakaten hervorstechen. Die Angaben wie Datum, Preis und Alter der Teilnehmer müssen schnell ins Auge springen, daher solltet ihr auf lange Texte verzichten. Bei der Werbung kommt es auf Menge an, beim Inhalt der Werbung ist aber weniger mehr.

Anmeldungen

Die Anmeldung für die Fahrt sollte folgende Informationen abfragen:

- Vorname
- Nachname
- Alter
- Anschrift
- Telefon
- e-Mail
- Ort/Datum
- Unterschrift der Erziehungsberechtigten

Und einen Satz wie den folgenden enthalten:

Hiermit melde ich meinen Sohn/meine Tochter verbindlich

Zur Musterfahrt vom   bis   an. Den Betrag von   Euro habe ich

überwiesen.

Elternfragebogen

Um während der Fahrt über alle erforderlichen Informationen über die Teilnehmer zu verfügen, zum Beispiel für Arztbesuche bietet sich ein Elternfragebogen an. Ein Beispiel für einen solchen Fragebogen findet ihr bei den Kopiervorlagen am Ende des Buches (Nr. 2).

Haussuche

Bevor man mit der eigentlichen Häusersuche beginnt sollte man sich überlegen, was eigentlich gesucht wird.

Haus oder Zeltplatz?

Diese Frage hängt zunächst einmal von der geplanten Jahreszeit der Fahrt ab. Ein Zeltlager bei Sonnenschein bereitet den meisten, mehr Freude als eine Skifreizeit im Zelt. Wenn ihr euch für ein Zeltlager entscheidet, überlegt euch zunächst wo ihr euch Zelte günstig leihen könnt (Kirchengemeinden, Pfadfinderstämme, Feuerwehr …). Der Platz sollte nach Möglichkeit über Sanitäranlagen und Frischwasser verfügen.

Selbstversorger- oder Versorgerhaus?

Ein Selbstversorgerhaus ist um einiges günstiger. Allerdings braucht man eine eigene Küchencrew. Sollte dies nicht möglich sein, kann diese Arbeit auch von wechselnden Leitern und Kindern erledigt werden. Sinnvoll ist es aber zumindest eine feste Person in der Küche zu haben. Er kennt sich in der Küche aus, weiß wo was ist und kann Aufgaben verteilen.

Wo finde ich ein Haus?

Zum Suchen von Häusern gibt es unzählige Möglichkeiten. Ihr könnt im Internet suchen, beim Diozösanen Ferienwerk anfragen, …

Einige Hilfreiche Internetadressen sind:
- http://ferienwerk-koeln.de/
- http://www.gruppenhaus.de/
- http://www.gruppenfreizeiten.de/

Teamfindung

Besonders für neu zusammengestellte Teams aber auch für solche die schon länger zusammen arbeiten ist es sehr wichtig sich schon vor dem Beginn der Fahrt sehr gut zu kennen. Dadurch könnt ihr euch viel unnötigen Stress während der Fahrt sparen (davon wird es auch so schon genug geben). Wir raten daher ausdrücklich dazu, dass sich das Team zusätzlich zu den normalen Planungstreffen in geselligen Runden trifft. Am besten funktioniert das indem ihr euch einen Referenten von außen dazu holt der euren Teamfindungsprozess begleiten und moderieren kann. Im Folgenden möchten wir euch zeigen was ihr bei solchen Treffen machen könnt um euch besser kennen zu lernen:

- Gemeinsames Kochen
- Gemeinsame Tagesausflüge (zum Beispiel zum Haus und der Umgebung der Maßname)
- Kennlernübungen: Partnerinterview (2 interviewen sich gegenseitig und stellen den anderen der Gruppe vor, lustiger wird es wenn man eine Lüge über den anderen einbaut die die Gruppe raten muss); Ecken sortieren (jeder geht in die Ecke die auf ihn zu trifft zum Beispiel musikalisches Hobby, künstlerisches Hobby, sportliches Hobby); Streichholz (jeder erzählt solange von sich wie sein Streichholz brennt) Weitere Kennlernspiele findet ihr zum Beispiel hier: http://www.praxis-jugendarbeit.de/spielesammlung/spiele-kennenlernspiele.html
- Eigene Stärken und Suboptimalitäten mitteilen (so gibt es keine bösen Überraschungen wenn zum Beispiel niemand Basteln kann)

Regelfindung

Ebenso wichtig wie das Kennenlernen der anderen, ist es sich auf gemeinsame Regeln zu einigen. Dabei müsst ihr euch natürlich an das Jugendschutzgesetz[1] halten. Ihr solltet unbedingt im Vorhinein klären wie ihr mit Alkohol, Zigaretten, Nachtruhe etc. umgeht. Wenn ihr euch nicht einig über eure Regeln seit, werden die Kinder es schaffen euch schnell gegeneinander auf zu bringen.

---

[1] http://www.gesetze-im-internet.de/juschg/

Programmplanung

Während der Maßname gibt es neben viel Spaß auch immer viel Stress, daher bietet es sich an das Programm schon vor der Fahrt fertig zu planen. Wichtig ist dabei, sowohl für gutes wie für schlechtes Wetter zu planen. Ihr könntet für jeden Tag für beide Wetterlagen planen, dies ist allerdings bei mehrwöchigen Fahrten sehr aufwändig. Am einfachsten ist es, wenn ihr Sonnen- und Regentage fertig geplant habt aber die Tage in ihrer Reihenfolge noch variabel sind.

Unsere Lieblings-Spiele & Methoden

In diesem Kapitel geht es um Quellen von Spielen und Methoden, außerdem stellen wir euch einige unserer Lieblingsspiele vor.

Prinzipiell ist das Internet immer eine gute Anlaufstelle für die Programmplanung. Doch das Internet ist so groß, dass man den Überblick schnell verliert und erst massig schlechte Seiten besucht bevor man etwas Brauchbares findet. Daher hier einige Tipps:

www.wikilager.de

Diese Seite funktioniert wie das bekannte Wikipedia. Dadurch findet ihr auf dieser Seite immer wieder neue Spiele und Tipps.

www.spieledatenbank.de

Eine Sammlung vieler Spiele. Es ist eine Suche nach Alter der Teilnehmer, Anzahl der Helfer, örtlichen Möglichkeiten, Zeit, Vorbereitungsaufwand möglich. Die Seite steht inklusive Suchmaske zum Download bereit.

http://www.praxis-jugendarbeit.de/spiele-sammlung.html

Das erste Spiel ist eine Spielekette die den ganzen Tag in Anspruch nimmt:

„Hilfe das rote Auto"

offizieller Tagesplan (bewusst langweilig):

- Frühstück
- Hausputz (Flure, Klos, Küche, Tagesraum, Duschen)
- Mittagessen
- Workshops

- Abendessen
- Getränkeverkauf
- Freizeit
- Abendgebet (halbe Stunde eher)
- Nachtruhe (halbe Stunde eher)

tatsächlicher Tagesablauf:

- Frühstück
- Kinder beginnen aufzuräumen, gleichzeitig verkleiden Leiter sich zu Sturmtrupps (bitte bringt dazu Sachen mit)
- jetzt werden die Kinder mit viel Lärm nach draußen gescheucht (erst wenn die Abspüler fertig sind)
- vor dem Haus gibt es eine Lageeinweisung von den Sturmtrupp-/Spielführern: Den Kindern wird mitgeteilt das sich auf dem Gelände eine Bombe befindet
- Die Kassette des Bombenlegers wird abgespielt
- Anschließend bekommt jede Gruppe eine verschlüsselte Nachricht von uns (alle mit verschiedenen Verschlüsselungssystemen) in ihr wird der Gruppe mitgeteilt wo sie sich zuerst einfinden sollen.
- Den Kindern wird gesagt das die Nachrichten verschlüsselt sind damit keiner herausbekommt was wir für Vorbereitungen treffen wollen

Die einzelnen Stationen:
zu erst entwickeln alle Gruppen ein Gruppenlogo und einen Gruppennamen
dann gibt es:
1. Laufparkur
2. sich selbst tarnen mit Schminke und Naturmaterialien
3. Das Spionspiel: 2 Gruppen spielen gegen einander, alle erhalten eine andere achtstellige Nummer mit Tesakrepp auf den Bauch geklebt. Die Nummern werden pro Gruppe auf einem Zettel festgehalten. Nun geht es darum die Nummern der anderen Gruppe zu lesen und sich zu merken. Wenn man eine Nummer hat geht man zum Spielleiter und teilt sie mit. Ist die Nummer richtig, scheidet der Spieler

der anderen Gruppe aus. Das Team das zuletzt einen oder mehrere Spieler im Spiel hat gewinnt. Das aufschreiben der Nummern ist nicht erlaubt.

4. je nach Gruppengröße, weitere Stationen ergänzen

für jede Station bekommt jede Gruppe einen Buchstaben

die Buchstaben muss die Gruppe in die richtige Reihenfolge bringen und dann mit allen Gruppen in einen Satz aber dazu später mehr)

- Anschließend gibt es Mittagessen
- Nach dem essen wird den Kindern von den Spielleitern mitgeteilt das uns ein Spion beobachtet und damit der nicht unsere geheimen Pläne mitbekommt sollen sie sich eine neue Geheimsprache in ihren Gruppen einfallen lassen. (und das Team hat Mittagspause)
- ca. 15 min vor Ende der Mittagsruhe werden einigen älteren Kinder unauffällig aufgefordert das Gelände zu verlassen (bitte drauf achten das aus jeder Gruppe jemand fehlt). Wichtig ist das keine Leiter fehlen, oder es dafür eine gute Erkärung gbt um Beispiel Einkauf (Auto verschwinden lassen)

- Die Mittagspause wird offiziell beendet und die Gruppen sollen sich wieder an ihrem ersten Treffpunkt vom Morgen einfinden
- es wird abgezählt und festgestellt das jemand fehlt, die Gruppen werden zurück ins Haus geschickt um die fehlenden zu suchen
- wenn die Gruppen gemerkt haben, dass überall jemand fehlt werden sie vors Haus gescheucht
- jetzt Hören sie eine Kassette des Bombenlegers in der er mitteilt das er die fehlenden Kinder in seine Gewalt gebracht hat
- die entführten Kinder haben eine Spur gelegt und es entsteht eine Schnitzeljagd
- nachdem die verschwunden gefunden sind gehen alle gemeinsam zum Haus zurück
- doch was ist das: vor dem Haus steht eine Große Bombe (aus Alufolie und einer PC-Tastatur)
- es wird erneut eine Kasstte eingelegt auf der den Indern mitgeteilt wird das sie versuchen sollen ihren Lösungssatz einzugeben (es kann nur falsch sein da es mehrere Möglichkeiten gibt unser bisheriger Vorschlag :

1. Das Auto ist Rot
2. Rot ist das Auto
3. Ist das Auto Rot?

- alle gucken auf die Bombe und nach fertiger Eingabe zünden einige Leiter hinter ihnen Böller an

Bumm!!

Zeitungsschlagen

Alle sitzen im Stuhlkreis. Ein freiwilliger Spieler steht in der Kreismitte. Dort steht in einem Papierkorb eine aufgerollte Zeitung. Der Spieler, für den kein Platz vorhanden ist, muss nun versuchen sich einen Platz zu ergattern.

Das geschieht so:

Der Spieler in der Mitte ruft einen Namen, schlägt diesen mit der Zeitung auf das Knie, stellt sie möglichst schnell zurück in den Papierkorb und versucht den Platz zu erwischen. Zur gleichen Zeit ist der Aufgerufene vom Platz aufgesprungen, holt die Zeitung und versucht ebenfalls durch Anticken mit der Zeitung den Spieler zu treffen, noch bevor dieser auf dem Platz sitzt.

Gelingt dies, muss der Spieler nochmals in die Mitte.

Trifft der Aufgerufene den Spieler nicht, bevor er sitzt, gehört ihm der Platz und der Aufgerufene beginnt das Spiel in der Mitte von neuem.

Kissenrennen

Alle sitzen im Kreis; es wird in zwei Gruppen abgezählt (1,2,1...).

Gruppe 1 und Gruppe 2 bekommen jeweils einen Kugelschreiber; diese sollten verschiedene Farben haben.

Auf das Startsignal des Spielleiters werden die Stifte innerhalb der eigenen Gruppe möglichst schnell weitergereicht.

Es beginnt eine Jagd!

Ziel ist es, dass ein Kugelschreiber den anderen einholt. Für diese Gruppe gibt es jeweils einen Punkt.

Achtung

Kein Spieler darf einen anderen bei der Weitergabe hindern. Fällt jemandem der Kuli aus der Hand, so muss er ihn selbst wieder aufheben, auch, wenn er an der gegenüberliegenden Seite liegt.

Das kotzende Känguru

Ein in der Mitte stehender Mitspieler zeigt auf einen Mitspieler, der im Kreis steht und ruft ihm eine Spielfigur zu. Dieser und die jeweils nebem ihm sitzenden müssen die Figur schnellstens darstellen. Wer zu langsam ist muss selber in die Mitte und löst den anderen aus.

Möglich sind:

Der Mixer (der Mittlere hält seine Zeigefinger so, dass die Beiden anderen darum kreisen können), der Toaster (der Mittlere springt wie ein fertiges Toast zwischen den Armen der Äußeren auf und ab), das kotzende Känguruh (die Äußeren kotzen in den Beutel des Muttertieres (lautstark!)), das Schwein (der Mittlere grunzt, die beiden anderen drehen sich um und formen mit einem Finger einen Ringelschwanz am Gesäß, das sie deutlich herausstrecken), der Klopf-Staubsauger (der Mittlere kniet sich auf den Boden und saugt wie ein Staubsauger, die beiden anderen knien und klopfen stark auf den Boden), der Elefant (der Mittlere formt einen Rüssel, die beiden andren formen am Körper ein großes Ohr), Die Waschmaschiene (die äußeren formen mit den Armen die Trommel, der Mittlere dreht den Kopf wie Wäsche darin und blubbert) und alles was euch sonst noch einfällt…

Mörderspiel

Der Reiz und das besondere an diesem Mörderspiel sind, dass es über mehrere Tage spielbar ist.

Der Spielbeginn

Im Normalfall sollte das Spiel mit maximal 20 Teilnehmern gespielt werden. Zu Beginn muss der Mörder ausgelost werden. Da niemand den Mörder kennen darf, werden der Anzahl der Spieler entsprechend Zettel verteilt bzw. gelost. Nur ein Zettel ist mit einem X markiert, wodurch der Mörder feststeht. Der Mörder darf sich natürlich nicht anmerken lassen, dass er einen Zettel mit einem X erhalten hat. Auch die anderen dürfen nichts sagen, da es im extremsten Fall dann soweit kommt, dass jeder sagt er hat keinen Zettel mit einem X erhalten und nur einer bleibt übrig (der dann natürlich auch sagt er hat kein X).

Die Tatwaffe

Nachdem der Mörder geheim ermittelt wurde muss eine Tatwaffe gefunden werden. Diese sollte die Größe eines Feuerzeuges nicht überschreiten, damit sie bequem mitgenommen werden kann. Sie wird zu Beginn an einer öffentlichen Stelle hinterlegt. Das Spiel beginnt, wenn der Mörder die Waffe (unbemerkt und in Abwesenheit der anderen) an sich nimmt.

Die Spielregeln:

Sichere Gebiete:

Es wird ein Ort festgelegt, welches für das Spiel Sperrgebiet ist. Das kann der Versammlungsraum, oder das Versammlungszelt sein. Dort darf niemand ermordet werden. Außerdem werden dort die Gedenktafel und die Box mit den Verdächtigungen aufbewahrt.

Mord:

Der Mord wird ausgeführt, indem einem einzelnen anderen Gruppenleiter / Gruppenmitglied die Tatwaffe gezeigt wird. Anschließend ist die Person ohne Kommentar tot und hat die Möglichkeit auf der Gedenktafel den Mord, die Mordzeit und ein paar kleine Tipps (Umstände, die letzten Worte) anzugeben. Natürlich darf der Name des Mörders dabei nicht genannt werden.

Gedenktafel:

Die Gedenktafel soll den anderen Gruppenleitern / Gruppenmitgliedern helfen, den Mörder zu finden. Da Ort, Zeit und Grund oder Umstände des Mordes angegeben sind, können evtl. Schlussfolgerungen getroffen werden. So steht der Mörder schnell fest, wenn nur 2 Personen auf dem Platz waren und einer plötzlich und unerwartet tot ist.

Verdächtigungen:

Solange ein Mitspieler noch nicht tot ist kann er Verdächtigungen aussprechen. Für die Vermutungen wird eine kleine Kiste aufgestellt, wo man die Vermutungen (incl. Begründung) aufschreiben und dann reinschmeißen konnte. Zudem werden natürlich der Tag, die Uhrzeit und der eigene Name mit angegeben, damit man hinterher beweisen kann, dass man wusste wer es war.

So kann er kombinieren und daraus auf eine gewisse Person schließen. Auch durch eine Beobachtung eines Mordes kann es zu einer Verdächtigung kommen. Es soll in diesem Fall jedoch nicht das Ziel sein den Mörder allen zu präsentieren, da das Spiel sonst schnell vorbei ist.

Wenn man jedoch ermordet wurde (man schreibt das dann auf die Gedenktafel), darf man anschließend natürlich keinen Verdacht mehr äußern, ist ja auch zeitlich dann nach dem Mord und man nimmt am Spiel nicht mehr aktiv teil. Aber als passiver Mitspieler ist das Spiel ebenso witzig.

Im Übrigen kann auch der Mörder zur Ablenkung einen Verdacht äußern.

Die Anzahl der Verdächtigungen kann festgeschrieben werden. Ansonsten würden zahllose, unqualifizierte und unbegründete Verdächtigungen genannt werden.

Ob die Box jeden Tag einmal geleert wird, oder erst nachdem 50% ermordet wurden, oder erst am letzten Tag bleibt jedem selbst überlassen. Der Mörder muss jedoch nicht zugeben, ob ein Verdacht stimmt oder nicht.

Überführung des Mörders:

Variante 1:

Ein Mörder gilt als überführt, wenn die Verdächtigungen in der Box eindeutig auf eine Person zeigen. Da jedoch der Mörder selbst auch Verdächtigungen zur Ablenkung äußern kann, werden dessen Verdächtigungen nicht gewertet. Dadurch dass man den eigenen Namen angeben muss lässt sich das einfach prüfen.

Variante 2:

Die Box mit den Verdächtigungen wird erst am Schluss geöffnet. Wer den Mörder als erstes herausgefunden hat, der ist der beste Detektiv.

Zusammenfassung:

Das Mörderspiel ist ein schönes Strategiespiel, welches über mehrere Tage gut neben dem normalen Lagerleben gespielt werden kann. Besonders interessant ist es, wenn z.b. auch die Kinder im Lager mit einbezogen werden bzw. "überzeugt" werden müssen, nicht den Mörder zu verraten. Nachdem der Mörder gefasst wurde oder alle Personen ermordet wurden ist das Spiel beendet und kann neu begonnen werden.

Noch ein paar Hinweise:

- Das Spiel kann nur funktionieren, wenn jeder Gruppenleiter / Gruppenmitglied den Mörder nicht verrät, auch wenn diese Person es gesehen hat. Nur über geschriebene und begründbare Verdächtigungen kann dies erfolgen.

- Auch darf niemand einen Verdacht äußern, oder jemandem einen Tipp geben, der bereits ermordet wurde.

- Auch wildes drauflos verdächtigen (ein Verdacht muss ja zutreffen) macht das Spiel eher kaputt.

- Auch der Mörder darf Verdächtigungen als Ablenkung aussprechen, muss aber auch seinen Namen angeben und nicht unter falschem Namen einen Verdacht nennen.

Leiche (Name)	**Tag**	Tatort	Tatzeit

Siebenkampf

Die Teilnehmer treten in der gesamten Zeit in 7 Disziplinen gegeneinander an(je nach Länge der Fahrt gehen natürlich auch 3, 5 oder 10 Disziplinen). Dabei gibt es sowohl sportliche, kreative, wie auch ganz andere Aufgaben. Wichtig ist es Spiele auszuwählen die mal kleine Kinder und mal große besser bewältigen können. So hat jeder Teilnehmer Gewinnchancen. Nach jeder Disziplin wir ein neuer Gesamtpunktestand ausgehangen.

Workshops

Besondere Fähigkeiten einzelner Leiter, ermöglichen durch Workshops ein breiter gefächertes Programm und decken daher mehr Interessen ab. Mögliche Workshops sind zum Beispiel: Kerzen gestalten, Gipsmasken, Jahreszeit Fensterbilder, Regenmacher, Jonglieren, Schminken, Batiken, Theater spielen ...
Auch Gesprächsrunden zu bestimmten Themen werden gerne angenommen.

Einkauf

Für den Einkauf fahrt ihr am besten in den Großhandel (Metro oder ähnliche). Die meisten Vereine haben für diese Läden eine Kundenkarte, die zum Einkauf berechtigt.

<u>Materialtransport</u>
Für den Materialtransport gibt es verschiedene Möglichkeiten:
- Fragt bei eurem Reisebusunternehmen an, ob es möglich ist einen Anhänger oder ähnliches dazu zu buchen
- Zwei Jugendleiter können mit einem PKW voraus fahren. Es ist praktisch das Material schon vor Ort zu haben, wenn die Kinder ankommen. Besonders bei einem Selbstversorgerhaus, spart man sich so das Umpacken der Einkäufe in den Reisebus.
- Wir haben immer alle Fahrräder der Kinder mitgenommen. Dafür haben wir bei Speditionen angefragt, ob sie zufällig in die Richtung unseres Ziel müssen. Speditionen versuchen Leerfahrten zu verhindern, da diese nicht rentabel sind. Auf solchen Leerfahrten wurden die Fahrräder mitgenommen und wir haben eine Spendenquittung für den Transport ausgestellt. So haben beide etwas davon.

<u>Rezepte</u>
Selbst für jemanden der schon lange viel kocht, ist es schwer in großen Mengen zu kochen und vor allem richtig zu würzen. Noch schwerer ist das für unerfahrene Jugendleiter.
Daher unsere Büchertipps:

Die Roten Hefte, Bd.71, Einsatzverpflegung
ISBN: 3170151665

Gruppen - flott satt gemacht: Kochbuch für Gruppen
ISBN: 3776101040

<u>Geld sparen/Zuschüsse</u>
Um mehr Geld in der Kasse zu haben, sind zwei Vorgangsweisen besonders wichtig:
1) Mehr Geld einnehmen

Wie oben erwähnt, bietet es sich nicht an seine Fahrt zu teuer zu machen, da man dann keine Teilnehmer mehr findet.

Es gibt jedoch andere Möglichkeiten die Einnahmen zu steigern:
- o Erkundigt euch bei eurer Stadtverwaltung welche Zuschussmöglichkeiten es gibt und was ihr dafür tun müsst
- o Strittig aber effektiv: Bietet Firmen und Banken an ihr Werbelogo auf eure Plakate, Flyer etc. zu drucken und nehmt dafür eine „Spende". Oder bietet an, euren Teilnehmern Kappen oder T-Shirts mit Firmenlogo aus zu teilen. Wenn z.B. 50 Personen damit rum laufen, sticht das ins Auge.
- o Die Sparkasse finanziert gerne Sacheinkäufe mit. Zum Beispiel eine neue tragbare Musikanlage (erkundigt euch bei eurer Sparkasse)

2) Weniger Geld ausgeben

Ja, das klingt logisch. Aber Wie?
- o Kauft nicht vorher mehr als ihr braucht, sondern lieber zwischendurch nach
- o Kauft im Großmarkt, statt im Einzelhandel (s. oben)
- o Bittet um Sachspenden (Zum Beispiel bei Werbemittel-Unternehmen nach kleinen Preisen für Spiele)
- o Organisiert Großteile des Programms selbst, statt Besuche in Zoo, Museum, Schwimmbad, Freizeitpark etc.

Nachtreff Team

Viele Teams treffen sich zwar vor der Fahrt zum Planen, verzichten aber auf ein Nachtreffen. Dieses Treffen ist aber enorm wichtig. Wir empfehlen einen zeitlichen Abstand zum Ende der Fahrt von etwa 2 Wochen. Dann sind die Erinnerungen noch da, aber es kann alles mit dem nötigen Abstand betrachtet werden.

Bei diesem Treffen können Reste geklärt werden, mancher Konflikt ausgeräumt werden und überlegt werden, wer nächstes Jahr wieder dabei ist.

<u>Teilnehmer- und Elternnachtreff</u>

Ein Treffen mit den Teilnehmern und je nach Alter deren Eltern sollte etwa einen Monat nach der Fahrt und auf jeden Fall NACH dem Teamnachtreff stattfinden.

Die Teilnehmer freuen sich über die Möglichkeit sich noch einmal zu sehen.

An diesem Nachmittag kann man die Bilder oder Videos der Fahrt zeigen und Kopien zum Kauf anbieten ;-)

Dieses Treffen ist die beste Werbeveranstaltung für die nächste Fahrt, daher ist es ideal wenn ihr schon Anmeldungen fertig habt oder mindestens sagen könnt wann ihr fahrt und wo es hin geht.

<u>Sonderurlaub</u>

Für das ehrenamtliche Engagement können Jugendleiter Sonderurlaub beantragen. Jedes Bundesland hat jedoch eigene Regelungen. Infos findet ihr hier: http://www.praxis-jugendarbeit.de/jugendleiter-schulung/sonderurlaub.html

II) Während der Maßname

<u>Arztbesuch</u>

Es geht hier um den „normalen" Arztbesuch. Bei Verletzungen beachtet bitte die Regelungen unter Erste Hilfe.

Die Eltern sind vor dem Besuch des Arztes nach Möglichkeit zu kontaktieren.

Mit zu nehmen sind:

    Versichertenkarte

    Impfausweis

    Praxisgebühr

Nach der Rückkehr die Eltern informieren.

<u>Erste Hilfe</u>

ACHTUNG: KEINESFALLS SELBER MIT DEM AUTO FAHREN, SONDERN IMMER
112 ANRUFEN. Ihr riskiert sonst die Verletzung durch falschen Transport zu
verschlimmern. Außerdem seid ihr und auch der Teilnehmer ansonsten unterwegs
nicht versichert)

Jeder Jugendleiter sollte vor der Fahrt einen Erste-Hilfe-Kurs gemacht haben.
Ein Taschenbuch über Erste-Hilfe muss bei der Verbandstasche liegen.
Tasche und Buch auf Ausflüge mitnehmen!
Auch ein Paar Kältesofortkompressen, solltet ihr immer dabei haben.

<u>Heimweh</u>

Heimwehkinder gibt es fast auf jeder Fahrt, auch wenn das Programm noch so toll
ist.
Wichtig ist es das Heimweh der Kinder ernst zu nehmen, jedoch ohne sie zu
bemuttern. Übertriebenes Trösten verschlimmert das Heimweh oft sogar, weil es die
Aufmerksamkeit darauf lenkt.
Besser ist es die Kinder intensiv ins Programm ein zu binden oder ihnen „wichtige"
Aufgaben zu geben.
Wenn gar nichts hilft, sollten die Leiter mit den Eltern telefonieren und
möglicherweise auch das Kind telefonieren lassen. Vorher den Eltern unbedingt
sagen, dass sie bitte Sätze wie „Wir vermissen dich auch ganz doll." zu vermeiden.

<u>Übrigens: Über Feedback freuen wir uns sehr, so können wir nachbessern!</u>

<u>Und nun viel Spaß bei eurer Fahrt!</u>

1. Sponsorenbrief

Pfarrjugend St. Muster

Pfarrjugendleitung Bernd Mustermann

Geldstraße. 12a

55555 Moneytown

An　,

Moneytown den

Sehr geehrte Damen und Herren,

die Zuschussgelder für Kinder- und Jugendmaßnahmen werden von Jahr zu Jahr geringer. Ohne zahlreiche Spendenaktionen könnten wir unsere Arbeit schon lange nicht mehr finanzieren.

Bitte lesen Sie weiter, denn dies ist kein typischer Bettelbrief.

Wir möchten Sie bitten unsere Aktionen zu sponsern, dies ist sowohl durch Sach- als auch durch Geldspenden möglich. Im Gegensatz dazu könnten wir zum Beispiel bei unseren Aktionen T-Shirts, Kappen etc. tragen oder unsere Kinder während unsere Ferienfreizeit mit solchen Artikeln ausstatten. Außerdem währe es möglich das ihre Werbung auf sämtlichen Rundschreiben und Plakaten von uns erscheint. Auch für weitere Ideen ihrerseits sind wir natürlich offen.

Natürlich ist es jetzt interessant für Sie zu erfahren wer wir eigentlich sind und wie unsere Arbeit aussieht. Wir sind die Pfarrjugend der katholischen Kirchengemeinde St. Muster in Moneytown. Wir haben es uns zur Aufgabe gemacht, einmal jährlich in den Sommerferien eine Ferienfreizeit für Kinder und wöchentliche Gruppenstunden(zur Zeit 4 Stück) für Kinder anzubieten. Außerdem sind wir in die Gemeindearbeit integriert zum Beispiel durch Gemeindetreffen und Dämmerschoppen.

Überlegen Sie es sich, Sie können vielen Kindern eine sehr schöne Zeit ermöglichen.

Vielen Dank das Sie bis zum Ende gelesen haben

mit freundlichen Grüßen

2. Elternerklärung

Sommerfreizeit 2014 in
Musterstadt

Elternerklärung

Die Elternerklärung umfasst zwei Seiten!

Name, Vorname des Kindes: _

_ _ _ _ _ _ _ _ _ _ _ _ _

Geburtsdatum: _ _ _ _ _ _ _ _ _ _ Anschrift: _

_ _ _ _ _ _ _ _ _ _ _ _ _ _

Ort: _ Telefon: _ _ _ _ _ _

_ _ _ _ _ _ _ _ _ _ _ _

Mögliche Urlaubsanschrift, ansonsten während der Zeit erreichbare Verwandte:

(Bei dieser Anschrift/Telefonnummer muss verbindlich während der gesamten Sommerfreizeit mindestens ein Elternteil oder ggf. der/die Verwandte erreichbar sein, der im Falle einer vorzeitigen Beendigung der Sommerfreizeit, die Aufsichtspflicht für das Kind übernehmen kann.)

Name: _ _ _ _ _ _ _ _ _ _ _ _ _ _ _ Anschrift:_ _ _ _ _ _ _ _ _ _ _ _ _ _ _ _ _ _ _ _

_ _ _ _ _ _ _ _ _ _ _ _ _

Ort: _ Telefon:

_ _ _ _ _ _ _ _ _ _ _ _ _

Krankenkasse: _

_ _ _ _ _ _ _ _ _ _ _ _

Name Versicherten: _ _ _ _ _ _ _ _ _ _ _ _ _ _ _ _ _ _ Geburtsdatum des
Versicherten: _ _ _ _ _ _ _ _ _ _ _ _ _

23

Arbeitgeber: _
_ _ _ _ _ _ _ _ _ _ _ _ _

Datum der letzten Tetanusimpfung: _ _ _ _ _ _ _ _ _

Unser   Kind   hat   folgende
Beschwerden/Krankheiten/Bewegungseinschränkungen/Allergien   (spez.
Lebensmittelallergien):

_ _
_ _ _ _ _ _ _ _ _ _ _ _ _

_ _
_ _ _ _ _ _ _ _ _ _ _ _ _

Unser Kind nimmt folgende Medikamente (incl. Dosierung): _ _ _ _ _ _ _ _ _ _ _ _ _ _ _
_ _ _ _ _ _ _ _ _ _ _ _ _

_ _
_ _ _ _ _ _ _ _ _ _ _ _ _

Behandelnder Arzt unseres Kindes: Name: _
_ _ _ _ _ _ _ _ _ _ _

Telefon: _
_ _ _ _ _ _ _

Unser Kind hat Schlafstörungen: ja   ☐   nein
☐

Unser Kind nässt ein: ja   ☐   nein
☐

Unser Kind ist Vegetarier: ja ☐ nein ☐

Unser Kind wird schnell wütend/ aggressiv: ja ☐ nein ☐

Unser Kind hyperventiliert: schnell ☐ selten ☐ nie ☐

Unser Kind darf Sport treiben: ja ☐ nein ☐

falls nein, welche Sportart nicht: _

Unser Kind kann schwimmen: ja ☐ nein ☐

Unser Kind darf öffentliche Schwimmbäder benutzen: ja ☐ nein ☐

Unser Kind darf unter Aufsicht eines Rettungsschwimmers,

in offenen Gewässern schwimmen: ja ☐ nein ☐

Unser Kind darf unter Aufsicht unmotorisierte Wasserfahrzeuge

benutzen: ja ☐ nein ☐

Unser Kind darf im Rahmen der Freizeit in einem von einer/m

Leiter/in geführten PKW/ Gemeindebus mitfahren: ja ☐

nein ☐

Unser Kind darf in einer Kleingruppe (mind. 3 Personen) mit Einverständnis und Absprache der Leiter das Grundstück des Ferienhauses verlassen:

ja ☐ nein ☐

Unser Kind ist das erste Mal ohne Eltern auf Reisen: ja   ☐   nein

☐

Leiter dürfen unserem Kind Zecken entfernen: ja   ☐   nein ☐

Uns ist bekannt, dass unser Kind bei schweren Ordnungsverstößen auf unsere Kosten nach Hause geschickt werden kann.

Wir halten den Versicherungsschutz, über den wir auf dem Elternvortreff (Datum) aufgeklärt wurden, für ausreichend.

Wir versichern, dass das Fahrrad unseres Kindes bei der Abgabe zum Transport verkehrssicher ist.

Wir haben denn vollen Teilnehmerbeitrag zum heutigen Tag auf das Kirchenkonto überwiesen.

Wir haben die Elternerklärung nach bestem Wissen und Gewissen ausgefüllt und auf Richtigkeit überprüft.

_____, den _____   _____

_____   Ort   Datum   Unterschrift
eines Erziehungsberechtigten

3. Anleitung zur Durchführung einer Telefonkette:

(funktioniert erstaunlicherweise auch heute noch manchmal besser als Emails)

Zubehör: ⇨ Telefon

⇨ Zettel

⇨ Stift

Start der Telefonkette:

⇨ Der Starter fängt NICHT oben an, sondern ruft den nächsten nach ihm in der Liste an.

⇨ Dabei gibt er sein Anliegen weiter und der nächste schreibt es sich auf!!!

Weitergabe der Telefonkette:

⇨ Die Liste wird nun WEITER von oben nach unten abtelefoniert, wobei IMMER ALLES weitergegeben wird!!!

⇨ Erreicht man jemanden zwischendurch nicht (selbst wenn man alle möglichen Nummern probiert hat), wird derjenige notiert und der nächste in der Liste wird angorufen.

⇨ So verfährt man bis man endlich jemanden erreicht.

⇨ Dem Nächsten wird nun das Anliegen weitergegeben und zusätzlich diejenigen, die nicht erreicht wurden.

Ende der Telefonkette:

⇨ Die Kette wird so lange fortgesetzt bis der „Starter" wieder erreicht ist.

⇨ Dem Starter werden nun die Namen der nicht erreichten Personen weitergegeben.

⇨ Der Starter probiert nun eine dieser Personen zu erreichen und gibt die Namen der anderen nicht erreichten weiter. So wird eine „extra Kette" gestartet, von der der Letzte wieder den „Starter" anruft.